RIEN QUE L'AMOUR

DU MÊME AUTEUR

Nietzsche, Ellipses, coll. « Pas à pas », 2008.

Simone Weil, Nouvelle Cité, coll. « Prier 15 jours avec », 2009.

Une journée de philosophie: les grandes notions vues à travers le quotidien, avec Pierre Dulau et Thierry Formet, Ellipses, 2010.

Petit traité de la joie, consentir à la vie, Salvator, coll. « Forum », 2011, Prix humanisme chrétien 2013.

Vivre ensemble la fin du monde, Salvator, coll. « Forum », 2012.

Simone Weil, Cahier dirigé par Emmanuel Gabellieri et François L'Yvonnet, L'Herne, 2014.

La vie en bleu, Marabout, 2014.

Qui nous fera voir le bonheur ?, avec Christophe André, Le Passeur, coll. « Disputatio », 2014.

Le nouvel âge des pères, avec Chantal Delsol, Cerf, 2014.

MARTIN STEFFENS

RIEN QUE L'AMOUR

REPÈRES POUR LE MARTYRE QUI VIENT

SALVATOR
103, rue Notre-Dame-des-Champs
F-75006 Paris

Yves Briend Éditeur SA.
103, rue Notre-Dame-des-Champs F-75006 Paris
e-mail : contact@editions-salvator.com
site internet : www.editions-salvator.com

Maquette intérieure : Atlant'Communication
Maquette de couverture : Isabelle de Senilhes

ISBN : 978-2- 7067-1290-6

Avant-propos

Il est des textes sur lesquels on travaille, des textes qu'on travaille, et puis qu'on retravaille.

Le texte que vous tenez dans les mains, c'est lui qui m'a travaillé, en profondeur. Il a insisté pour exister. Il y a là des pensées difficiles, sur la violence qui vient. C'était d'abord des pensées pour ne plus avoir à y penser. Au fur et à mesure, pourtant, me libérer de ces pensées a exigé que j'y revienne sans cesse, sentant que la pire des violences, c'est la violence qu'on tait, celle qu'on redouble par notre incapacité à la prendre dans des mots, comme on prend un blessé dans ses bras.

S'il n'avait pas insisté, je ne vous aurais pas partagé ce texte.

Il est pour celles et ceux qui, comme moi, ont peur : peur de ces hommes sans visage, qui dénoncent en vous un ennemi mortel, alors que vous passez votre semaine à essayer d'éduquer vos enfants, ou de vous éduquer vous-même, de gagner votre vie et d'attraper, au passage, quelques bribes de joie. Peur de ces hommes fanatisés. Peur pour vos proches et pour vous-même, parce que vous sentez que la vie vaut la peine et la joie d'être vécue.

Ce livre est pour celles et ceux qui ont peur mais craignent aussi de se perdre dans cette peur. Pour celles et ceux dont la peur est à la puissance deux : peur que la peur finisse par nous priver du goût de la vie et du sens de notre vocation.

Quelle est cette vocation qu'une peur trop peu habitée, mal élucidée, viendrait obscurcir ? À quoi est-il appelé, celui qui avoue la menace qui vient, mais devine derrière elle une menace plus grande : la désespérance, l'habitude prise, à force de blessures et de crainte, de ne plus accueillir le jour qui se lève ?

Et puis, cette question: les événements actuels, qui font de ce monde un tremblement de terre continu, sont-ils vraiment une entrave à cette vocation? N'en sont-ils pas la révélation?

Notre vocation, c'est d'aimer, en un sens fort et précis que ce texte va essayer de rendre.

Comment inventer aujourd'hui l'amour dont demain a besoin?

Comment inventerons-nous, demain, quand la guerre sera non plus à notre porte, mais chez nous, durablement, comment inventerons-nous l'amour qui, jusqu'à hier, soutenait sans trop de peine l'effort de nos vies?

*

Il faut reconnaître le mal quand il s'abat sur nous. Il faut apprendre à le connaître aussi: le décrire un peu, parce que les formes qu'il prend ont leur nouveauté. Peut-être aussi parce que ce mal fait pleuvoir ses coups avec plus de rage que jamais, dans un affolement qu'on ne lui connaissait plus. Satan est sorti de son terrier, fier de sa terreur. Les exécutions des chrétiens d'Orient, filmées par leurs bourreaux, sont les *selfies* du diable, qu'il poste sur la Toile pour qu'on ne l'oublie pas.

La dernière ruse du diable a été, selon le mot de Baudelaire, de nous faire croire qu'il n'existe pas. Dernière ruse, mais non point dernier acte. Car le dernier acte du diable est de nous jeter à la face combien nous nous sommes laissé prendre à cette ruse. Démentiellement, le diable s'expose. C'est tellement frappant, que nous avons presque du mal à y croire.

Mais nous avons mieux à lui opposer que notre sidération.

Notre vocation à vivre et à mourir d'amour est plus inventive que cela.

*

Pour le moment, nous sommes désarmés comme jamais, n'ayant plus, collectivement, les ressources suffisantes pour opposer à notre ennemi, politique ou spirituel, autre chose que des discours et des « mesures » – quand il y faudrait la démesure d'un grand souffle, de force et d'amour. Désarmés aussi car nous découvrons que cet ennemi, c'est aussi nous-mêmes, dans notre démission satisfaite, dans notre angélisme pépère, dans toutes nos facilités.

Il faut relever la tête et voir.

Mais comment voir le mal, tout le mal, sans s'y laisser dissoudre ? Quelle forme d'action et d'attitude correspond à la vocation, ici et maintenant, des hommes de bonne volonté ? Et, a fortiori, des chrétiens, c'est-à-dire de ceux qui ont reçu pour mandat de vivre dès aujourd'hui, non pas seulement *dans* l'amour (car ce ne sont pas des temps d'amour qui s'annoncent), mais *de* l'amour, et quelle que soit la brutalité avec laquelle la haine se déchaîne alentour.

Ce texte voudrait faire mémoire de ce que nous sommes, de l'appel qui nous destine à être plus que des victimes résignées des violences du monde.

L'ennemi nous somme de savoir qui nous sommes, d'*être* ce que nous sommes.

Relevons le défi.

Premièrement :
La menace

« L'heure vient où quiconque
vous fera mourir
croira faire à Dieu un sacrifice agréable. »
Jean 16, 2

« Dieu ne veut pas de sacrifice, seulement
d'une oreille qui s'ouvre. »
Psaume 40, 7

On sait. On ne peut plus dire qu'on ne savait pas.

On sait désormais ce que l'homme peut faire à l'homme. Cela s'appelle, entre autres, le XXe siècle.

On sait que l'humanisme, inscrit sur le fronton d'un siècle qui a fait couler tant de sang et réduit tant d'humains en cendres, ne protège pas l'homme de l'homme. Qu'il le lui livre au contraire.

Comme l'écrit Louis Veuillot quelque part:

> Lorsque l'insolence de l'homme a obstinément rejeté Dieu, alors Dieu dit: « Que ta volonté soit faite. » Et le dernier fléau est lâché, ce n'est pas la famine, ce n'est pas la peste, ce n'est pas la mort, c'est l'homme. Quand l'homme est livré à l'homme, on peut dire qu'il connaît la colère de Dieu.

Un de mes professeurs à Strasbourg, Philippe Lacoue-Labarthe, osait dire: « Le nazisme est un humanisme. » Une mouche l'avait donc piqué, qui lui murmurait ceci: quand l'homme ferme la question de l'homme, quand il refuse de laisser ouverte la question qu'il est pour lui-même, alors le ciel se couvre. Et sous ce ciel de plomb s'ouvrent les goulags et les camps d'extermination.

Il n'y a pas de solution, il n'y a qu'un mystère de l'homme, qu'il faut endurer, arpenter sans chercher à l'épuiser. Quand il y a solution au problème de l'homme, elle est Solution finale. Aussi quand on disait l'homme « *capax Dei* », autrement dit : blessure vers l'infini, chemin vers Celui qui, lui-même, est chemin, commettait-on moins de forfaits absurdes.

Un peu moins, car l'homme porte avec lui cette rage de ne rien épargner, de tout ajuster à sa mesure.

En face de l'humanisme sans humilité, qui réduit l'homme à l'homme, qui le condamne à lui-même, il y a la folie des religions, desquelles un certain humanisme avait voulu sortir, mais desquelles l'humanisme, finalement, est. Il y a ce qu'on appelle « le retour du religieux ». C'est inquiétant : pour ne plus sacrifier l'homme à l'idée qu'il se fait de lui, il faudrait à nouveau sacrifier l'homme aux dieux ?

En face de l'humanisme qui raccourcit l'homme, il y a, par exemple, l'angélisme exterminateur de l'islamisme radical.

On sent que ça va mal finir.

On commémore ces temps-ci le centenaire de l'extermination des chrétiens arméniens. Et dans cent ans on commémorera celle des chrétiens d'Orient. Heureux hasard de notre futur calendrier : une fête pour deux massacres.

Vous avez vu ce qu'ils font aux femmes et aux enfants. Boko Haram et Daech.

Vous avez vu le sac de Mossoul, l'impuissance parfaite des pays des droits de l'homme.

Le sac de Palmyre et l'inertie des États-nations occidentaux.

Les exécutions, les crucifixions des chrétiens, le meurtre des enfants. De cela, je n'ai voulu voir aucune image. Padre Pio a dit en 1950 : « Quand la colère de Dieu frappe, ne regardez pas par la fenêtre. » Or que sont nos téléviseurs, qu'est-ce qu'Internet, sinon notre fenêtre ?

« Ne profanez pas votre regard en jetant vos yeux sur ces événements terribles. »

*

On sacrifie en Occident l'homme à la petite idée qu'on a appris à s'en faire – et partout c'est la médiocrité, le brouhaha, la soupe morale.

Ailleurs on sacrifie l'homme à l'idée d'un Dieu si grand que nous ne savons de lui que sa loi. La *sharia* étend son empire. Et sous cet empire, les *dhimmis* se multiplient.

Quand on est chrétien, on ne sacrifie pas l'homme. Pas plus à la petite idée qu'on s'en fait qu'au Dieu qu'on dit « grand ».

Le chrétien vit dans un monde qui, aux yeux des droits de l'homme comme aux yeux de l'islam, est un monde inversé : il croit (c'est là le cœur de sa foi) que Dieu se donne lui-même en sacrifice pour le salut des hommes. Cela s'appelle la Croix. On ne peut imaginer blessure plus grande pour l'orgueil : il ne s'agit plus de mériter son salut, de l'obtenir par sa force d'homme. Mais de l'accueillir.

On ne sacrifie plus à Dieu. Aussi laisse-t-on les nouveau-nés tranquilles. Les Iphigénie de toute sorte mourront encore. Il arrivera en terre chrétienne qu'on ait des boucs émissaires. Mais jamais plus au nom de Dieu. Si cela arrive, cela sera frappé d'anathème. Et l'on demandera pardon.

Même les colombes, les jeunes taureaux, les agneaux : Dieu n'en veut plus. Dieu est, en Jésus, l'agneau qu'on immole. Désormais, chaque fois que nous voudrons tuer pour Dieu, en réalité, nous tuerons Dieu pour nous. « Pour nous », c'est-à-dire pour de mauvaises raisons.

Au nom de Dieu, il n'est qu'un sacrifice : l'action de grâce.

Le Psaume 50 demande, et c'est Dieu qui parle : « Vais-je manger la viande des taureaux et boire le sang des boucs ? » Non mais, sérieusement ? Puis il commande : « Offre à Dieu la louange comme sacrifice. » L'action de grâce est la louange pour le don reçu.

Quel don ? D'abord le don de l'être, le don de soi-même à soi-même au milieu des autres.

La joie, premier état d'esprit dans lequel aller à sa journée.

Première chose à sacrifier : la fine bouche qu'on fait, la tristesse où l'on se complaît.

Quel autre don avons-nous reçu ? On l'a dit, celui du salut. Le premier don, celui du don de l'être, nous l'avons rejeté : nous le rejetons d'une façon étrange, et chaque jour. C'est plus fort que nous. Nous prostituons notre vie, notre cœur, notre intelligence. Nous les dépensons pour de médiocres choses. Nous faisons le mal, un mal à la contre-mesure du don qui nous est fait. Un mal si grand que seul l'Infini pouvait non seulement en prendre la mesure, mais (ce qu'Il a fait librement) le prendre sur lui.

D'où le second sacrifice qui agrée à Dieu, qu'énonce le Psaume 51 : « Tu n'aimerais pas que j'offre un sacrifice, Tu n'accepterais pas d'holocauste. / Le sacrifice voulu par Dieu, c'est un esprit brisé ; Dieu, Tu ne rejettes pas un cœur brisé et broyé. »

Second état d'esprit dans lequel aller à ma journée, qui n'est pas le contraire du premier, qui, au contraire, l'exalte. Offrir à Dieu mon incapacité à le recevoir. Mon inaptitude, aujourd'hui, à la joie. Lui montrer mon étable, véritable écurie d'Augias, et oser lui demander si, par hasard, il n'accepterait pas, une fois de plus, d'y naître.

Dieu qui donne. Dieu qui pardonne. Don à recevoir, et pardon à demander : par deux fois, l'homme est invité à offrir sa suffisance - à sacrifier, non pas des infidèles, mais ses propres infidélités.

*

On sait ce qui arrive. La menace approche.

Mais par la vie qu'il reçoit et le salut que Dieu lui offre, on sait aussi qu'il ne peut rien arriver à un chrétien que l'Amour.

Qu'il peut bien sûr arriver au chrétien de se détourner de la source de son être, de se détourner de la lumière et, s'en détournant, de se plaindre que tout est ombre - quand il n'est d'ombre que celle qu'il projette devant lui en tournant le dos à la lumière.

Mais le chrétien sait aussi qu'il est entré, par la Croix du Christ, définitivement, dans le temps de la Fin : tout est accompli. Il ne vit pas en sursis d'un malheur possible, mais par surcroît : reconfiguré à l'Amour, il ne peut lui arriver que l'Amour. Cette main humaine qui le blesse, cette épreuve qui le broie est, comme l'écrivait Simone Weil, comparable à l'étreinte d'un ami qu'on n'a pas vu depuis longtemps et qui nous serre un peu trop fort.

À celui qui, comme le chrétien, s'est perdu lui-même pour se recevoir de Dieu, il n'est aucun coup reçu qui n'ait l'arrière-goût d'aimer.

*

Certains appartiennent au Christ sans le savoir.

Lui, le sait.

Il reconnaît les membres lointains de son corps, qui lui appartiennent moins comme l'organe à l'organisme que comme l'efflorescence à l'arbre. Nous, les chrétiens, pour peu que notre chapelle soit ouverte, le sentons aussi : on voudrait les évangéliser, ces hommes qui souffrent et qui n'en aiment que plus, mais c'est eux qui nous évangélisent.

Ces hommes semblent nous dire (mais ils ne le diront pas ainsi) : depuis que Dieu s'est fait homme, il ne devrait arriver à l'homme que Dieu.

Si toi, chrétien, tu vivais de l'Amour gratuitement donné par Dieu à l'homme sur la Croix, tu ne pourrais être blessé que par l'Amour. Cette main humaine qui te blesse, c'est l'Amour qui n'est pas aimé. Cette chair qui en reçoit le coup, cette souffrance du mal, c'est encore l'Amour – car si ce n'était pas l'Amour, pourquoi en souffririons-nous ?

Et d'en souffrir, c'est là, pour l'Amour, la plus grande victoire.

*

Dans ce monde, le chrétien est un extra-terrestre. Il est envoyé. Il a une mission. Il est un étranger.

Le disciple du Christ, sur cette terre, a une vocation précise : délier celui qui lui fait du mal, lui remettre sa faute, afin que celle-ci ne lui soit pas comptée (Jn 20, 23).

Donc: ne jamais se soustraire à un coup qu'on peut offrir à Dieu.

Mieux (ou pire, aux yeux de qui n'y est pas habitué): offrir sa douleur pour le salut de celui même qui nous l'inflige. C'est fou, mais ce n'est pas de nous, c'est Dieu lui-même qui a imaginé l'étrange procédé de cette substitution. C'est lui qui s'est offert de souffrir pour le mal qu'on lui fait.

En tant que chrétiens, nous vivons de ce geste. Nous pouvons donc bien en mourir.

Le chrétien est un extraterrestre, amoureux de cette terre mais ne lui appartenant déjà plus: il vient, comme chacun, y prendre des coups mais, les prenant, les offre au Dieu qui, lui, les a un jour tous assumés, entraînés avec lui dans la mort, et pour les ressusciter en autant d'occasions de miséricorde.

Le chrétien est d'abord un homme comme les autres. Il est du monde. Mais un jour, il y a la blessure d'Amour, mortelle: sa part mondaine essaie d'y survivre. Impossible. Ou alors, elle tente de tuer cette Vie qui, par la blessure, fut tout à coup, comme une douleur, réveillée. Le vieil homme essaie de colmater la brèche par où a coulé jusqu'à lui un peu du sang du Christ. C'est possible qu'il y parvienne. C'est dommage.

Si au contraire on soigne la blessure, mais de sorte à ce qu'elle ne se referme pas, alors on sort du monde. On y est non plus en résident, mais en envoyé. Comme un ange. Non, pas comme un ange, trop pur, trop ailé. Mais comme un extraterrestre. Pas même un exilé : cette terre, j'y suis non pour la quitter, mais pour l'aimer. Un extraterrestre : je ne suis plus de ce monde, et j'y suis plus pleinement que jamais, car j'y suis pour aimer.

Et plus ce monde est laid et mal-aimable, plus il a besoin de mon amour.

Plus ce monde entend me distraire et me tromper (mais la blessure d'Amour m'a donné le goût du Mal qu'on porte en soi, et je ne suis pas dupe), plus je lui suis fidèle. Il y a un abîme entre « aimer » et « trouver aimable » : ce monde où je suis tombé depuis que la grâce m'est tombée dessus, je ne le trouve pas aimable, c'est pourquoi je l'aime.

Pas aimable : ce monde appartient au Prince du monde, aux banques, aux journaleux, aux médiocres, aux chauffards, aux mauvais esprits, aux mauvais jeux de mots, aux maffias, aux proxénètes. Donc je l'aime.

Chérir, c'est renchérir. C'est aimer d'autant plus intensément que l'Amour est absent.

Il y a, dans tout amour vrai, quelque chose de ce qui passe entre le père et le fils : le père, s'il aime, non seulement aime son fils, mais l'aimera d'autant plus que celui-ci s'est perdu sur des chemins de mort.

Le chrétien aime ce monde qu'il ne comprend pas et qu'il voit sombrer.

Le chrétien, une fois qu'il est né à lui-même en naissant à Dieu, perd les codes du monde. Il peut dire, comme Jacques Maritain écrit à Jean Cocteau :

> Que suis-je ? Un converti. Un homme que Dieu a retourné comme un gant. Toutes les coutures sont dehors, l'écorce est à l'intérieur, elle ne sert plus à rien. Un tel animal a de la peine à s'estimer quelque chose, il a envie de demander pardon aux autres d'exister. Leurs fourrures, leurs carapaces l'impressionnent.

Comment, en effet, peut-on en être, du monde ? Comment oser en être, nous qui avons su, un jour, que son cœur bat hors de lui ? Nous qui sentons qu'il y a, en ce monde, un battement qui le jette hors de lui.

Nous qui avons perçu un jour la vanité de tous les masques, et qui n'en avons prétexté aucun mépris, parce que c'est de l'Amour qu'était venu le sentiment de cette vanité. Nous qui avons tant désespéré du monde que nous pouvons enfin l'aimer, n'attendant rien de lui, attentifs à chacun qui s'y perd et attentifs de ne s'y perdre pas trop à notre tour.

*

Quand le chrétien a un enfant, et s'il veut que son enfant soit chrétien, il lui dit ceci : Tu vas au-devant de grands bonheurs. Et ta souffrance augmentera avec ta joie. Comme les autres, tu iras dans la cour de récréation. Tu courras comme les autres enfants et comme eux, tu joueras au ballon ou à cache-cache. Mais tu ne croiras pas plus au beau but que tu viendras d'inscrire qu'à la cachette que tu auras trouvée. Tu n'auras d'yeux que pour l'Amour qui, s'il se donne, circule, sinon crie en chacun. Tu entendras ce cri. Tu auras mal aux autres. Tu seras souvent seul avec ton exigence d'aimer et d'être aimé. Tes camarades te regarderont et ne comprendront pas. Sauf quelques-uns.

Ils seront un ami. Ils ne seront pas beaucoup mais ce sera unique. Ils seront cet autre et puis cet autre qui, réunis, mettent Dieu au milieu. Oui, tu vas au-devant de grands bonheurs…

Ou bien comme Joseph Wresinski, ce prêtre pauvre qui écrit le 26 août 1961 à une femme, une certaine Hanni :

> Qu'est-ce qu'aimer ? C'est se gêner, c'est se contrarier, c'est se tirailler, c'est se poser mille questions sans réponse. C'est se faire moquer, faire rire de soi, c'est se faire exploiter, mépriser ; c'est être laissé en panne, abandonné, c'est être supplanté par d'autres… C'est vouloir pour tous les autres tout ce que l'on veut pour soi. C'est soutenir et non couler. C'est partager et non pas se confondre… Quand je t'ai dit : « Tu es faite pour aimer », je voulais dire : « Tu es faite pour en baver et crever de douleur, de souffrance et de chagrin », car au fond, tout au fond, c'est cela l'amour.

Et il ajoutait, parlant de l'amour des pauvres (mais aimer, en ce monde où chacun est déraciné, c'est presque toujours aimer un pauvre) : « Non seulement celui en Jésus-Christ, mais aussi tout amour humain, surtout celui pour les pauvres gens. Car nous n'y avons pas droit, il n'est pas à nous ; il faut le payer très cher, et heureusement. »

*

Ira-t-on dire que le chrétien consent à se laisser exploiter, mépriser, renonçant à habiter sa vie, la laissant envahie, piétinée par d'autres, surtout par ceux qui ne lui veulent aucun bien ?

Au contraire : le chrétien sait tellement ce que vaut la vie humaine, et le prix que Dieu a payé pour elle, qu'on ne trouvera, dans ce monde, sens plus aigu de l'honneur.

Aussi n'est-ce pas par résignation qu'il accepte sa vocation de souffrir par amour. Une vocation à quoi l'on se résigne n'en est plus une. Il n'y a de vocation, même à l'amour fou, qu'assumée dans la joie, et avec l'orgueil de qui se sait avoir, par elle, reçu à la fois le plus grand poids (quelle responsabilité plus grande que d'être, comme le Dieu incarné, symbole de l'Amour ?), mais aussi la force de le porter.

Le sacrifice chrétien, parce qu'il s'inscrit dans un mouvement qui ne dépend pas de lui (« ce n'est pas vous qui m'avez aimé en premier, mais moi » dit le Christ), parce qu'il reçoit son souffle d'un souffle plus profond et plus lointain, n'est pas morbide.

*

« Heureux êtes-vous, si l'on vous persécute à cause de mon nom... »

Non pas, comme on croit, comme on nous fait croire : tu dois souffrir, et tu mériteras ton bonheur. Mais : si tu te tiens dans la vibration d'Amour divin qui irrigue la Création et inspire à Dieu ce geste fou d'offrir son Fils en sacrifice pour nos péchés, si tu parviens à faire entrer cette drôle d'idée dans ta tête et, puisque cela est impossible, à l'installer peu à peu dans ton cœur, alors il ne peut rien t'arriver que la joie.

« Heureux êtes-vous si... » On l'entend, ici, la joie est première. Car, nous dit Jésus, si tu vis en moi et de mon Amour, alors, quoi qu'il t'arrive désormais, cela viendra de moi. Ce n'est pas la souffrance qui mène à la joie, mais la joie reçue de Dieu qui embrasse toute souffrance.

*

Entre le Sud et le Nord.

Entre l'Est et l'Ouest.

Entre l'islam, spirituel au point d'être parfois exterminateur, et l'Occident, terrestre au point d'être matérialiste.

Entre la femme voilée et celle violée, dénudée. Entre la burqa et le string.

Entre le lointain qui arrive, qui vient frapper à notre porte ou frapper sur notre territoire, et le proche (citoyen d'une même nation, voisin d'un même palier) qui ne m'est même plus un prochain.

Entre l'État islamique et la République française.

Choisiras-tu ton camp ?

Le chrétien n'est d'aucun camp. Ou plutôt si : il fait partie, par sa naissance, d'une communauté dite « de destin ». Il lui doit un certain nombre de choses. Un chrétien ne peut manquer de gratitude.

Mais il n'appartient pas à sa communauté de destin.

Connaissez-vous ce texte qui ressemble à un rapport d'enquête ? Une enquête de la fin du IIe siècle, autour de ces êtres étranges et étrangers qu'on persécute, qui n'ont pas d'armes, qui ne font pas faction, mais ne cessent d'être plus nombreux : les chrétiens.

L'enquête (appelée *Lettre à Diognète*) rapporte ceci :

> Les chrétiens ne se distinguent des autres hommes ni par le pays, ni par le langage, ni par les coutumes. Car ils n'habitent pas de villes qui leur soient propres, ils n'emploient pas quelque dialecte extraordinaire, leur genre de vie n'a rien de singulier... Ils résident chacun dans sa propre patrie, mais comme des étrangers domiciliés. Ils s'acquittent de tous leurs devoirs de citoyens, et supportent toutes les charges comme des étrangers. Toute terre étrangère leur est une patrie, et toute patrie leur est une terre étrangère.

Oui, le chrétien a un camp : il est là où son séjour sur terre a commencé. Là où sa conversion le saisit. Là où il est, c'est là où il est envoyé.

Il a un camp : il est Français, Russe ou Malien, du VIIIe ou du XXIe siècle.

Mais le chrétien n'est d'aucun camp : quand l'un se rue sur l'autre et que l'autre camp se défend, le chrétien, au milieu de la mêlée, mêlé à elle, indique le Ciel.

Les chrétiens sont, ou devraient être, dans leur propre camp, des empêcheurs de tuer et de torturer en toute bonne conscience.

Si Jésus a tant aimé les prostituées, si la tradition poétique, romanesque, picturale chrétienne en a fait de si profonds portraits, c'est en tant que nous ne serons en ce monde jamais mieux que des prostituées : nous tirons notre subsistance d'un monde qui ne peut nous donner un véritable amour. Nous nous y compromettons, comme l'a voulu Jésus. Car sans cette compromission, qu'il faut nommer comme telle, nous nous croirions supérieurs aux autres hommes : des purs, et finalement des durs ; des anges, et finalement des bêtes.

Les chrétiens ont un camp auquel se compromettre. Mais ils ont ceci que les autres ignorent : ils savent que leur camp n'est pas celui du Bien, de ceux qui *ont* raison. S'ils ne le savaient pas, ils seraient idolâtres. Ils reçoivent leur camp comme un bienfait autant que comme une peine, comme une dette qui les oblige (ils furent nourris par leur camp) et les contraint (leur désir d'aimer s'y trouve comme à l'étroit).

Il arrive donc que leur propre camp ne les aime pas, sans avoir contre eux aucun grief valable. La *Lettre à Diognète* se poursuit ainsi :

> Ils obéissent aux lois établies, et leur manière de vivre est plus parfaite que les lois. Ils aiment tout le monde, et tout le monde les persécute. On ne les connaît pas, mais on les condamne… On les méprise et, dans ce mépris, ils trouvent leur gloire. On les calomnie, et ils y trouvent leur justification. On les insulte, et ils bénissent. On les outrage, et ils honorent.

*

Il est trois types de signes, dans nos paysages urbains : la trace, la marque, le symbole.

D'abord, nos rues, nos trottoirs, nos murs portent la trace de notre passage sur terre. De nos orgies, de nos cris mal adressés, de notre frénésie d'être ailleurs : déchets sur les trottoirs, graffitis sur les murs, et jusqu'au ciel toujours strié par le vol des avions.

Et puis, dans cette urbanité, il y a les marques : les marqueurs sociaux, ethniques, identitaires. C'est tel costume, tel vêtement, telle façon de marcher, tel voile ou tel dévoilement. On vit juxtaposés les uns aux autres et on s'envoie les signes de nos appartenances exclusives et de nos affinités électives. La marque de vêtement, de chaussures, de voiture est de ces marqueurs, et la publicité a envahi la ville.

En resterons-nous là ? Entre les traces et les marqueurs ?

Il y aurait un autre signe, qui indique une transcendance : le symbole. Le drapeau, le voile religieux, l'Hôtel de Ville, la cathédrale. Transcendance de l'homme par l'homme : symbole politique. Ou bien transcendance de l'homme par Dieu : symbole religieux.

Les églises, fermées la semaine pour des raisons de sécurité, appartiennent désormais au patrimoine culturel. Elles sont des marques touristiques. Elles ne sont plus les pierres dont Jésus nous disait qu'elles crieraient si l'on voulait, lui, le faire taire : nos églises sont un agréable décor pour se sentir en France. Elles ne sont plus des symboles au sens vrai et fort : un pied dans la porte, afin que l'homme ne se referme pas sur l'homme. Quelque chose qui montre le Ciel.

Les femmes voilées, les hommes en barbe : marqueurs, sociaux et politiques, ou bien symboles ? Clôture communautaire, ou bien percée vers le Ciel ?

Parce que c'était un marqueur, identitaire, les prêtres ont voulu ôter tout signe distinctif : col romain et soutane. Mais alors on ne les voit plus. La ville est laissée aux marques qui rassemblent ceux qui se ressemblent et aux traces de nos péchés. L'homme d'Église ne vient plus, par sa présence visible, ouvrir le ciel barré, égratigné par nos voyages, et indiquer l'oreille (la sienne) où déposer notre ordure.

Ce qu'un chrétien, a fortiori un prêtre, doit être dans sa ville : un symbole, une torche vivante, un ostensoir.

Et cela, dans la pudeur : car le symbole, au contraire de la marque, ne s'indique pas lui-même, mais Dieu. Il peut être visible (ainsi le prêtre en soutane, ou le moine en habit), il ne s'exhibe pas.

Il vient blesser le regard qui ne veut voir que l'homme. Il vient le délivrer, s'il y consent, de son hypnose.

Et cela, pour qui sait voir. Qui ne veut voir dans le prêtre visible que la trace lointaine du passé, ou un marqueur identitaire, ne verra que cela. Il sera militant de la laïcité telle qu'on l'entend aujourd'hui, ou bien gardien impuissant de vieilles traditions qui tiennent chaud.

*

Il est vrai, aussi, qu'à se montrer, on s'expose. Et que le lieu où le chrétien s'expose ressemblera toujours au Golgotha.

Mais puisque le chrétien appartient au Christ, il ne peut lui arriver que Jésus.

Car on ne peut lui faire aucun mal que le Christ, durant sa Passion, « une fois pour toutes les autres » dit saint Paul, n'ait déjà pris sur lui et déjà converti (ruse suprême) en instrument du salut.

Non que le Mal soit bon, comme tel, absolument.

Le Mal est un scandale auquel ne pas se faire. Mais par l'Amour, le Mal devient bon, relativement au Bien, comme ce qui donne à qui le subit d'éprouver l'immense mystère de l'Amour et sa puissance étrange. Quelle puissance? Faire d'une impasse un chemin, de la blessure béante infligée la porte étroite où passe la lumière.

Satan enrage, car s'il arrive à Satan de prostituer les bonnes intentions pour en paver l'enfer (perversion du Bien), le Christ, de son côté, et par le flanc qu'il offrit à nos coups, a révélé combien Dieu aime l'homme : le petit enfant dans la Crèche, voué à être sauvagement assassiné, est un bébé dans le dos de Satan. Le Bien, ici, est subversion du Mal : désormais, le péché sera voie de conversion, occasion de découvrir combien on est aimé. Le péché, dédramatisé. Outil du salut, lieu où Dieu veut naître, le péché devient, comme la beauté du monde, raison de plus pour offrir un sacrifice de louange.

Si l'on aime le Christ, ou bien, comme certains hommes qui ne le connaissent pas, si l'on a tout perdu et que, pourtant, on n'exige rien, laissant la blessure ouverte et féconde, alors on sait tout cela : d'être aimé au point d'être sauvé, et sauvé au point que le Mal, en faisant mal, ne saurait pourtant nécessiter personne à entrer dans sa diabolique logique.

*

On se souvient alors qu'Il nous a prévenus. Le Serviteur n'est pas plus grand que le Maître. S'ils m'ont persécuté, ils vous persécuteront aussi (Jn 15, 20). Mais puisque, par ma Passion (la Passion : ce plus grand mal fait au plus grand des biens), j'ai été signe divin de vie et d'Amour pour chacun, vous serez vous-mêmes signe et puissance de Dieu, agneaux immolés.

On sait le « déjà » de Dieu : « tout est accompli ». L'avenir est par surcroît. Nous ne pouvons rien perdre, puisque tout nous a été donné. Nous ne pouvons plus nous perdre, puisque c'est par Amour, désormais, que nous nous perdrons. Et plus nous perdrons notre vie par lui, plus nous la recevrons de lui.

*

Oui, et on sait que la catastrophe arrive : elle a le visage sans yeux, sans oreille, sans trait, lisse comme un Cube, de l'État.

État islamique.

« État » d'abord : soumission de la personne humaine à des mécanismes d'impersonnalisation. Qui n'est pas sans nous rappeler l'État totalitaire, façon occidentale : l'État total européen et l'État islamique sont peut-être faits pour s'entendre.

Et c'est parce que c'est l'État qui vient à nous, le grand Moloch, que nous sentons une part de nos forces nous abandonner. Que nous avons peur.

On sait ce qu'ils ont fait aux chrétiens d'Orient. On sait qu'on n'a rien fait : nous sommes tétanisés. Quoi qu'on fera par la suite, nous avons commencé par ne rien faire.

Simone Weil, à propos de l'État nazi :

> Seul un État parvenu à un mode savant d'organisation peut paralyser chez ses adversaires la faculté même de réagir, par l'empire qu'exerce sur l'imagination un mécanisme impitoyable... Nous ne sommes pas en Europe dans la situation de civilisés qui luttent contre un barbare, mais dans la position bien plus difficile et plus périlleuse de pays indépendants menacés de colonisation...

La colonisation, comme le savent les peuples qui l'ont été par les Arabes et les Européens, c'est le déracinement, le saccage de soi, l'interdiction d'être, à l'échelle d'un peuple ou de l'individu, une personne, un enfant chéri du Créateur.

Une nouvelle forme de pouvoir arrive. Ce pourrait être la conjonction affreuse du Droit (juridisme européen et légalisme musulman) et de la Technique (propagande, armements, consommation de gadgets à visée exterminatrice).

Le tout, couronné d'une spiritualité sans incarnation.

Une spiritualité sans la terre qu'on travaille, sans le chant qu'on y chante, sans le pain qu'on y cultive.

Au fond, que ce soit le dispositif étatique né avec la modernité (le Léviathan) ou la théocratie postmoderne façon Daech : à chaque fois, une spiritualité sans le Dieu fait homme. Froide comme l'Arche de la Défense et le Parlement européen. Privée de visage, comme le moudjahidin encagoulé.

*

À première vue, durant la Terreur, il y a eu beaucoup de têtes coupées. Sur les cent mille exécutions qu'on dénombre au bas de cette page de l'histoire de France, on compte près de vingt mille guillotinés.

Mais en réalité, la Terreur, première occurrence de l'État totalitaire, a coupé non tant des têtes que des corps. La tête du roi est exhibée Place de la Concorde. On voulait sa tête. Ce n'est plus qu'elle qu'on voudra désormais : on voudra *la* tête. Le corps est méprisé. L'État total, né avec la modernité, c'est la tête qui déteste le corps. C'est la tête qui pense le monde, au mépris du corps qui le vit. C'est la tête qui refuse le cœur et le corps, qui, au Dieu personnel appelant chacun par son nom, préfère la gestion administrative des acronymes.

D'où la haine profonde du Léviathan contre le christianisme.

Je ne parle pas de cette haine qu'on explique par les manquements du clergé : le christianisme paie toujours le prix fort de ses manquements, jusqu'à ce qu'il en demande pardon, et même après. C'est ainsi, et c'est peut-être bien.

Je parle de cette haine plus profonde pour l'incarnation : dans la Terreur, on adorera désormais, en raison, l'Être suprême. L'idée est peut-être bonne, le problème est que ce n'est qu'une idée. On sera interdit d'adorer, de tout son cœur, de toute sa force et de tout son être, le Dieu qui, en personne, dans la matérialité de nos vies, cherche l'homme. Ce Dieu qui ose notre histoire, collective et individuelle. Ce Dieu qui quitte son Ciel pour nous rejoindre. Ce Dieu qui se soustrait aux grandes abstractions dont les hommes font leurs idoles. Ce Dieu d'Abraham, d'Isaac et de Jacob, qui est aussi le Dieu de Chantal, de Jean-Luc et de ma boulangère.

Quand on adore le dieu abstrait, on travaille pour la postérité : par exemple, pour laisser son nom à un maximum de rues.

Le chrétien, lui, travaille à recevoir l'Éternité : la Vie pleinement vivante parmi celles et ceux qu'on a aimés.

*

On peut, certes, faire des déclarations de paix avec ces États de la Terreur, ces États-Moloch, malgré le sang innocent qui macule leurs doigts d'acier depuis qu'ils ont vu le jour.

Comme on peut faire des déclarations de paix avec l'islam, bien qu'on ait ici abrégé le Christ, qu'on l'ait amputé de sa Croix et, par là, de son projet de salut pour l'homme. On peut faire comme si la foi chrétienne et l'islam revenaient au même, bien qu'on ait ici interdit à Dieu d'être non seulement grand (comme le professent avec force et raison les musulmans), mais grand au point d'être le plus petit : grand par le bas, assez grand pour embrasser l'humaine misère de ceux qui se sentent abandonnés de Dieu, de ceux qui, avec Jésus, crient en silence : « Mon Dieu, pourquoi m'as-tu abandonné ? »

Bref, on peut faire comme si le Dieu-qui-ajoute (*Ioseph*, en hébreu) du christianisme (ce Dieu qui chérit l'homme au point de renchérir sur son péché, d'aller pour lui jusqu'à la Croix) équivalait au Dieu qui refuse cette Croix : dans le Coran, il y a cette indélicate substitution de Jésus par un autre, au dernier moment, au moment, inconcevable, de la mort de Dieu.

Saint Paul affirme : si le Christ n'est pas ressuscité, notre foi est vaine.

Il faudrait ajouter aujourd'hui : si le Christ n'est pas mort sur la Croix, notre charité est sans ressource.

Aussi Jésus disait-il à Pierre, qui entendait abstraire Dieu de cette Croix impossible : « Tes pensées ne sont pas les pensées de Dieu, mais celles des hommes » (Mt 16, 23).

Tel est le choix à faire : ou bien la Croix, qui dit l'Amour fou que Dieu a pour nous ; ou bien seulement (et au fond, c'est déjà pas mal) la transcendance telle que l'homme la conçoit, sage et surplombante.

On peut préférer être des serviteurs, sages selon le monde, quand la folie de Dieu nous a voulu des fils.

*

On le peut, mais ce serait ne pas répondre à notre vocation de chrétiens : n'arrondir aucun angle. Porter au jour, par amour de l'autre, la violence qu'il porte en lui. Dénoncer, par notre sang versé, l'inhumanité de celui qui le verse – et, par amour de lui, la dénoncer non pour l'en accuser, mais pour qu'il soit sauvé.

Je vous ai donné ce pouvoir, dit le Christ : délier les péchés de ceux qui vous affligent. Souffrir mais offrir celui qui vous fait souffrir.

Pas de compromis avec l'ennemi, donc, mais pour que l'ennemi soit sauvé.

(Peut-être aura-t-il des larmes de gratitude quand cet ennemi saura qu'il doit son Paradis à la miséricorde de celui qu'il molestait et qui, au dernier instant, a prié pour lui – comme nous devrions en verser chaque jour, sachant quel don nous a été obtenu par le Christ, sans que nous n'y puissions rien.)

« Pas de compromis avec l'ennemi »... ennemi, oui, mais en un sens..., un sens nouveau : pas de compromission confortable, pas de syncrétisme hâtif, pas de monologues interreligieux, afin que la promesse que tous soient sauvés commence d'être tenue

(« commence », pour notre temps, car nous avions oublié tout cela, ici, en Occident).

*

Ainsi donc pense le chrétien : il ne peut rien m'arriver que l'Amour.

Mais la peur insiste. Le sang du chrétien est désormais celui du Christ, mais sa chair est d'homme. Son salut est par grâce, mais sa nature pèse : ai-je envie que le sang des miens soit versé pour le salut de ces salauds ? L'ont-ils seulement mérité, ce sang ? Et si j'y consens, seront-ils à la hauteur du don qui leur serait ainsi fait, de la folle proposition d'un amour qui ne répond pas à l'offense ?

La peur : quand on sait que l'État de droit européen est empêché, par ses propres structures juridiques (il n'y a pas d'État de droit qui vaille dans la guerre, il n'y a qu'une inquiétante ferveur) et parce que ceux qu'il protège depuis si longtemps du réel n'ont pas l'armature psychologique pour oser voir cette menace, pour oser regarder dans les yeux l'ennemi, la violence, l'existence effective du Mal.

Quand on sait qu'il faudra peut-être soi-même payer la vorace médiocrité de l'Occident par le prix fort de cet ennemi (à la prostitution à laquelle nos filles en Occident sont quotidiennement invitées, par la publicité, les émissions grand public, Internet, correspond la prostitution forcée telle que la subissent les chrétiennes sous Boko Haram ou sous Daech ; à la conversion suggérée de tout homme à la platitude sans horizon d'un humanisme sans aile, correspond la conversion forcée de tous à l'islam, etc.).

Bref, quand on sait le monde aujourd'hui, qu'on se sait dans le monde, mais non pas du monde : que faire ?

DEUXIÈMEMENT : LA GUERRE

Il faudrait écrire un livre comme *Le martyre pour les nuls*.

« Pour les nuls » car le martyre, nous dit la sagesse catholique, ne saurait être désiré pour lui-même, ce qui serait en effet un acte de témérité, plus d'orgueil que d'abandon confiant à la Providence divine. Le martyre peut venir en face, comme il en va aujourd'hui : on peut le voir venir, impuissants à rassembler contre lui des forces suffisantes. Mais il vient toujours en même temps de biais ou par-derrière : le martyre qu'on devance ou qu'on embrasse avec ferveur, n'est peut-être jamais qu'une façon de renoncer à la vie en toute bonne conscience.

Désirer que soit versé le sang qui coule dans mes veines et dans celles de mes enfants, c'est malsain, c'est suicidaire. Ce n'est pas le martyre chrétien.

On est des nuls, face au martyre. Il ne saurait en être autrement.

Faut-il donc toujours d'abord vouloir s'y refuser ? Et, quand la menace monte, toujours préférer le combat armé ?

Beaucoup de chrétiens ont lutté arme au poing contre l'État européen nazi, ou communiste.

Janvier 1956. La maison de Martin Luther King, à Montgomery, vient d'être dynamitée, pour la première fois. Sa femme et son enfant ont échappé à la mort de justesse.

Le pasteur improvise alors un discours devant chez lui : la rue est noire de monde, de ce monde des Noirs qui en ont marre, et dont le cœur s'enténèbre. Il a des mots qui stupéfient, qui pourtant ne rappellent que l'enseignement du Christ : aimez vos ennemis, et quand cela n'est pas tout à fait possible, priez pour eux.

La semaine suivante, il dépose auprès de la police une demande de permis pour le port d'une arme. Sa femme et sa fille ont failli être tuées.

Sa demande n'aboutit pas. Hasard ou Providence. De toute façon, il choisira désormais la voie non-violente. Sa vie, nul ne la lui prendra plus. Il la donne, il la jette, comme une perle à ces cochons roses de racistes.

*

En même temps, il ne semble rien de si peu contestable, aujourd'hui, que la lutte contre l'État islamique. Lutte qui engage chacun, surtout ceux qui jugent que cet État salit le nom de leur religion : les musulmans eux-mêmes. Mais aussi chaque chrétien, car c'est le nom de Dieu qui est ici sali.

Et ce, quoique les chrétiens sachent que Dieu est et sera sans cesse, ici-bas, celui-là même qu'on salit, qu'on conspue, qu'on abaisse. La Passion continue.

Pour un chrétien, l'argument pour la lutte armée serait celui-ci : le Christ nous demandera pourquoi on a laissé le scandale arriver (Lc 17, 1-2).

Pourquoi on a, dans un premier temps laissé les petits enfants aux mains de ces bienfaiteurs qui entendaient, pour assurer la paix civile et républicaine, réduire l'homme au complexe corps-psychisme, lui refusant le droit d'être tragiquement ouvert à la transcendance.

Pourquoi on a, dans un premier temps toujours, laissé l'air ambiant se dégrader au point de livrer nos rues aux images pornographiques, et tout un chacun à l'abaissement sauvage et généralisé.

Pourquoi, dans un second temps, laisse-t-on exécuter le châtiment, que cela naturellement appelle, par des hommes qui ignorent presque tout de la divine miséricorde, qui la confondent avec un confus « droit de grâce » (« Allah », m'explique un penseur musulman, peut toujours exempter le pécheur endurci, comme il peut, dans sa puissance souveraine, punir le juste), et qui prétexteront de ce châtiment pour assouvir des visées impériales, alors que, comble de notre coupable ignorance, c'est Dieu même qui s'était offert de souffrir pour racheter le péché des hommes.

Pourquoi avoir préféré, là encore, le « moins » au « plus » : dans un premier temps, l'homme bête à l'homme divinisé ; puis l'homme-serviteur à l'homme-Fils-de-Dieu ?

*

S'opposer virilement au Mal qui vient, c'est obtenir un moratoire : nous ne voulons pas d'une solution musulmane au problème d'un christianisme corrompu.

Nous voulons clamer, par notre courage presque païen, enraciné en notre humaine nature, que nous savons encore aimer, courtiser les grâces de ce Dieu jaloux, nous montrer droits et forts parce qu'il nous a créés ainsi, et non pas avachis, à attendre la mort, à prétexter de la charité pour tout tolérer, et du martyre pour se résigner à sa propre extermination.

Il faudra nous battre absolument, arme au poing, par sens de l'honneur.

On ne peut qu'être forcé au respect par le courage de ces Bédouins, musulmans, qui voient en Daech moins une expression de l'islam que la maladie qui le ronge ; et pour ce qui nous concerne : moins un ennemi de l'Occident que son obscure conséquence.

Demandons pardon pour Daech auprès de ces tribus bédouines qui se font aujourd'hui massacrer pour l'arrêter.

Ayons la loyauté de balayer Daech de nos portes parce que ce sera là balayer à notre porte. Car Daech, ce n'est jamais, pour tous les jeunes d'Occident qui s'ennuient, abandonnés à leur ennui, qu'un immense jeu vidéo, avec l'attrait du risque en plus.

Daech, c'est un produit pour tous les Occidentaux désœuvrés du monde entier ; c'est le grand divertissement. La fête sanguinaire et télévisuelle.

*

Daech n'a pas de frontières, recrute internationalement, bouscule nos repères géopolitiques. Daech semble mimer, par son caractère à la fois informel et envahissant, la marche de l'économie financière, le règne sans partage et sans ordre de l'économie sur ce monde.

Daech instille ce que certains, plus visionnaires que les autres, nomment depuis soixante ans « la guerre civile mondiale ».

Contrairement aux autres États totalitaires, Daech n'a pas de chef incarné et identifiable, n'a ni son Hitler, ni son Mao, ni son Staline, en tout cas n'en a pas eu besoin pour naître, croître et s'imposer. Parce que Daech, c'est la reproduction, à l'échelle politique, du monde numérique où nous passons la plus grande partie de notre temps. Daech est la duplication terrienne de la Toile-Internet où nous sommes pris, la manifestation étatique du Réseau.

Daech est la démocratie du *on-line,* la démocratie livrée à elle-même, la face obscure d'un libéralisme devenu fou.

La « culture numérique », qui doit sous peu devenir le bain dans lequel tout enfant, à l'école, apprendra les savoirs fondamentaux, a trouvé en Daech sa transcription politique.

Par notre engagement physique, demandons pardon, à ces tribus bédouines enracinées, d'avoir fait pleuvoir sur le monde la maladie du déracinement.

*

Un exemple : ils se sont mariés il y a vingt-huit ans. Ils ont eu trois enfants. Peut-être ont-ils été heureux. C'est pour l'être en tout cas qu'ils divorcent aujourd'hui. Séparés depuis qu'il est parti, ils sont tombés d'accord pour faire appel à Divorce-Discount, « le numéro 1 du divorce en France ».

*

Enlevez l'Alliance, Ancien et Nouveau Testaments, vous avez les divorces.

Enlevez le Dieu Père, vous aurez les patriarches polygames, ou les papas-potes.

Enlevez le Dieu-fait-homme, vous avez l'homme qui se prend pour un dieu.

Retenez les larmes de Jésus sur Lazare, vous aurez, à nouveau, l'euthanasie « miséricordieuse ».

Renversez la Croix, vous avez le Cube.

Guérissez le monde de l'aberration chrétienne, vous aurez la froide logique humaine.

Colmatez les cinq plaies du Christ, vous avez des corps lisses, impérissables, imperméables.

Ôtez à la Vierge l'une de ses Sept Douleurs, vous aurez le commerce international des mères porteuses, de celles qui ne connaîtront pas l'enfant qu'elles portent.

*

Nous battre donc.

Sens de l'honneur et de la loyauté : la grâce, dit la théologie thomiste, ne détruit pas la nature mais l'élève en la soignant. Notre nature d'homme exige qu'on se défende, qu'on combatte ce qui insulte notre humanité. « Guerre juste », dit le Droit canon.

La grâce n'est pas de ne pas se battre, elle n'est pas de refuser tout combat - sans quoi, la grâce insulterait la nature. Quand on est contraint à la guerre par la force des choses, dans un monde qui n'est pas le Paradis, la grâce serait de trouver à se battre sans entrer dans la logique du Mal.

Dans son commentaire du *Polyeucte* de Corneille, Charles Péguy écrit : « L'erreur du parti dévot, c'est de croire qu'ils sont de la grâce parce qu'ils n'ont pas la force d'être de la nature. » La figure de Polyeucte nous interroge. Récemment converti au Christ, Polyeucte entend toutefois rivaliser avec Sévère sur le terrain des vertus païennes, celles de l'honneur et du courage, de la générosité et de la virilité. Comment vivre en effet les vertus chrétiennes ? En contradiction avec ces autres vertus, dites « naturelles », qui nous rattachent à la vie, comme le sont force, puissance, amour du monde ? Alors, les vertus chrétiennes seraient *l'autre* des vertus païennes. Il faudrait louer ce qui est faible, ce qui est plein de crainte pour la nature, la force et le monde.

Mais c'est là « le parti dévot » et sa lâcheté.

C'est là un christianisme sans sel, allégé.

Ou bien au contraire les vertus chrétiennes sont *l'accomplissement* des vertus païennes : leur acmé. La fragilité s'entend alors comme le point d'incandescence de la force : ainsi l'aveu de faiblesse dont on a le courage et qui nous voue à Dieu.

L'humilité serait dès lors l'orgueil porté à son ultime puissance, mais placé en son juste endroit : orgueil de la vérité, de l'amour, point d'honneur à s'effacer humblement devant ce qui est grand.

Si le chrétien dépasse la nature sans passer par elle, il n'aura pas non plus la grâce.

*

Qui prend l'épée périra par l'épée, dit le Christ (Mt 26, 52).

Pourtant la violence est et doit être une possibilité réelle, même pour le chrétien, surtout pour lui : il vaut mieux être un animal (qu'on est de fait, puisqu'on est vivant) que de faire l'ange.

L'ange : je dis à mon ennemi qu'il n'est pas mon ennemi, car je suis quelqu'un de bien. Il me répond qu'il est mon ennemi, que cela me plaise ou non.

Je lui déclare la paix. Il me tue. Je fais l'ange, il m'abat comme une bête.

Le Christ n'a pas dit : faites comme si l'ennemi n'existait pas ; mais : priez pour vos ennemis.

Le chrétien n'est donc pas quelqu'un qui a, abstraitement, renoncé à se battre, mais qui entend ne pas se perdre dans de faux combats : qui entend donner au combat une mesure autre que celle dont les hommes se servent pour se haïr.

Aussi ne se bat-il pas pour demain, mais pour après-demain : non pour le jour de la victoire, que, toujours, on espère demain, mais pour les jours qui suivront la défaite (car toute guerre, même gagnée, est une défaite). Afin que ces jours d'après-demain reçoivent la lumière de l'espérance.

Demain nourrit notre espoir. Après-demain a besoin d'espérance.

Entrer dans la guerre sans chercher à y semer de la violence, c'est produire ce type de nourriture dont après-demain a besoin.

Autrement dit, dans les guerres atroces qu'on se livre, le chrétien agit de telle sorte qu'on entende encore battre le cœur de

Jésus – cet Amour impossible, donné dans l'impossible.

*

Répondre à la violence par la force est une possibilité réelle. Mais c'est une possibilité biffée, afin que l'espérance demeure : « Que peut-on faire pour s'opposer au mal ? » demande Edith Stein. « On peut lutter. » Elle imagine cette possibilité. Elle ne commence pas par la nier. Elle ne vit pas dans l'abstraction. Elle est une femme : elle connaît la révolte et la peur. Elle sait qu'il y a en l'Amour chrétien plus qu'un beau sentiment.

Elle ajoute d'autres possibilités : « On peut se mettre devant d'autres pour les protéger. » Voici le père qui s'arme pour sa femme et ses enfants.

Autre possibilité : « On peut tenter de corriger le mal que d'autres ont fait. » Voilà les infirmières, les médecins, les ambulanciers.

Quoi qu'on fasse, pourtant, toute guerre est une défaite : quand le monde vacille, il est illusoire de croire qu'on peut y trouver une juste place. La question que pose alors Edith Stein vient rompre tout à coup la liste des possibles réactions face au mal: «Qui expiera?» Cette question appartient non à demain (qui vaincra?) mais à après-demain: qui, par l'expiation, rendra à nouveau possible l'espérance?

L'espérance: rien moins que la condition de possibilité de la vie.

«Qui expiera?» Réponse d'Edith Stein:

> Ceux qui ne permettront pas que les blessures ouvertes par la haine donnent naissance à une haine nouvelle, mais qui, bien qu'ils soient eux-mêmes victimes, prendront sur eux la souffrance de ceux que frappe la haine et celle de ceux qui haïssent.

Troisièmement : La soumission

Cette pensée d'après-demain peut-elle prendre la forme, même temporaire, de la soumission à cela qui arrive ?

Car au fond, l'islam, non voulu mais permis par Dieu, est peut-être cela : Dieu qui, ayant vu ce que les chrétiens ont fait de sa proposition, et comme ils ont confondu la liberté des fils à la licence des prodigues, leur rappelle que le peuple qu'il élut pour y faire naître son Fils, fut d'abord un peuple de serviteurs.

Les Juifs : peuple d'esclaves, sous les Égyptiens.

Les Juifs : peuple de la Loi, laquelle est signe du Dieu invisible.

Les musulmans de même : peuple de la Loi, laquelle est trace du Dieu transcendant.

Les chrétiens, à l'origine : peuple du cœur, de l'adoption filiale. Hors-la-loi, hordes d'au-delà-de-la-Loi qui clament, avec saint François d'Assise et au nom de l'Amour, le droit de n'avoir aucun droit, étant d'un autre monde, d'un autre mode d'être, par-delà le droit qu'on se revendique, dans une vie toute donnée et tout offerte.

Le chrétien reçoit toute sa vie de cela même qui renverse toute loi, il reçoit sa vie de la miséricorde infinie du Père. Oui, « infinie » : Dieu, parce qu'il sait la profondeur de notre péché, exige qu'on *abuse* de sa miséricorde.

C'est étrange. Cela rend le procès de Jésus impossible. Impossible la rencontre parfaite des logiques humaine et divine. Pilate, dépassé, ne peut que s'en laver les mains.

L'islam prie Dieu comme Créateur et Maître, non comme Pasteur inquiet de sa brebis, fou d'amour pour le plus pécheur d'entre nous, se précipitant à lui lorsqu'enfin il fait retour. Quand le Dieu musulman l'y attend à l'intérieur, le Dieu chrétien rejoint l'homme en amont de la maison (Lc 15, 21).

Il n'aime rien mieux que se précipiter pour relever ce fils perdu et qui tombe à genoux.

Or nous n'abusons pas de cette miséricorde. Nous n'osons pas.

Ou bien nous démontrons que nous n'en avons pas besoin, parce que nous sommes innocents, ou juges compétents des autres hommes. Ou bien proclamons que nous sommes sur le point de trouver le remède à la maladie que nous sommes.

Eh bien, dit Dieu, vous serez serviteurs.

Dieu, par amour, retire ses billes.

On parle parfois de pédagogie divine: réapprenez à craindre mon Nom, dit Dieu, je vous enseignerai ma tendresse.

Réapprenez que je suis grand, comme répètent les musulmans, je vous apprendrai que je le suis au point d'être le plus petit de vous.

Réapprenez la Loi, j'en serai l'exception.

Réapprenez la grandeur de mon œuvre, astres et contrées célestes, je serai à nouveau le bébé de rien du tout qui la relativise.

Mais, ajoute Dieu, si vous n'avez aucun besoin de moi, si vous attendez tout du dernier président élu par vous, et de la réforme en cours, des miracles techniques et des évolutions de carrière, que puis-je encore pour vous ?

*

Beaucoup de chrétiens, exténués par les excès de la modernité tardive, effrayés par elle, sont sans doute prêts à redevenir serviteurs. Ils n'ont pas cette audace d'appeler chacun à la repentance, de dire à tous que tous, s'ils le veulent, seront sauvés.

Au contraire : ils se résignent à ce que tous soient, bientôt, ramenés à la raison divine. Déjà serviteurs, ils ne prient plus, ils disent des prières. Ils ne se confient pas à Dieu, en Dieu. Ils n'ouvrent pas la main : ils veulent reprendre en main, et reprendre le pouvoir.

L'islam, au fond, n'est-ce pas cela ? N'est-il pas, dans les mains de la Providence, dans ses voies impénétrables, l'instrument pour que l'air ambiant soit assaini ?

*

Mais le Père, au-devant de sa maison, nous a dit que nous étions, non des serviteurs, mais des fils. Le Christ est venu nous l'annoncer: «Je ne vous appelle plus serviteurs, parce que le serviteur ne sait pas ce que fait son maître; je vous appelle mes amis» (Jn 15, 15).

Quoi de plus clair?

La *dhimmitude* convient bien aux Occidentaux en mal d'aliénation: entre le cannabis et un horizon de sens, si abrégé soit-il de la Bonne Nouvelle chrétienne, chacun préférera le sens. Entre l'addiction chimique et l'addiction religieuse, chacun, déjà, choisit.

Mais le chrétien, qui a été libéré, ne peut consentir à n'être que serviteur, et moins encore à être l'esclave (le *dhimmi*) des serviteurs de Dieu.

Mais que reste-t-il alors, sinon le martyre?

Quatrièmement :
Le martyre

Je vois plusieurs « raisons » (mais ce ne sont pas des raisons) qui pourraient incliner à ne pas prendre l'épée pour ne pas périr par l'épée, sans pour autant se soumettre.

Non pas « raisons » : en entrant dans l'horreur, il n'y a plus de raisons. Mais il y a des repères lumineux qui, dans la nuit, nous offrent de cheminer.

Ce sont ces repères qui nous donneront d'habiter le mieux possible ce temps avant le Grand Débarquement, ces temps d'avant le châtiment injuste qui, sans doute, épargnera les lâches, les riches et les tièdes, et fera couler le sang des disciples de Jésus.

Premier repère: savoir, de tout son cœur, que le meilleur est désormais sûr.

Le véritable disciple de Jésus, celui que je m'efforce d'être (mais je manque de foi), sait que tout lui a été donné, en Christ. Qu'on ne peut donc plus rien lui enlever. Qu'ont-ils à nous prendre, ces barbares ? La vie, si bonne soit-elle, n'est que la préface maladroite qu'un traducteur inquiet aura rédigé pour un chef-d'œuvre littéraire. Notre vie n'a de sens qu'indexée à la Vie éternelle près du Seigneur, cette vie promise à ceux qui, n'ayant pas tenu à leur vie, l'ont pleinement reçue d'un Autre.

Non pas que la vie ici-bas ne soit pas belle et bonne : mille fois la promesse de notre vie future y fut tenue et nous avons senti, alors, comme nous sommes éternels. La terre est bonne, elle ressemblerait, sauf notre péché (cette insistance avec laquelle on refuse d'aimer et se laisser aimer), au Paradis. Mais elle n'est pas le Paradis. Et elle l'est d'autant moins que le Paradis qui nous attend est plus que celui qui fut perdu : Dieu ne veut pas le retour au même, il a ajouté à notre péché, il a renchéri sur lui, il a fait de nos détours autant de routes qui mènent au Ciel.

Nous ne prenons pas la mesure de notre péché. Nous ne prenons donc pas non plus la mesure de ce que Dieu en a fait : le lieu même de sa révélation en tant que Dieu-Amour. Nos fautes ont contraint Dieu à dévoiler son coeur.

*

D'où *la seconde raison,* à l'acceptation plus pure d'une prochaine catastrophe.

On ne saurait s'accrocher à cette vie car le monde où elle se déploie est par essence inachevé. Par essence, non par accident : on ne peut le guérir de lui-même. Parce qu'il n'est pas Dieu : Dieu a laissé en sa splendide Création la blessure qui la destine à plus qu'elle-même. Cette blessure est partout : tout, dans cette vie, nous raconte, si on veut bien l'entendre, que ce monde n'a pas en lui-même sa propre fin, qu'il est tragiquement ouvert sur son Principe.

C'est par exemple la différence sexuelle : à Adam il manque une côte, ce qui l'empêche désormais, et jusqu'à la fin des temps, d'être tout, d'être même un petit « tout ». Et Ève, quand elle ouvre ses yeux sur le monde, est déjà regardée par un autre qu'elle, qui l'aime et qui l'espère. Nous sommes ainsi des êtres inachevés, voués les uns aux autres, confiés les uns aux autres. Blessés, afin de n'être pas que soi.

Cet inachèvement, c'est, sur un autre plan, la docte ignorance: la seule chose que l'on peut, avec certitude, savoir, c'est qu'on ne sait vraiment rien - certitude qui augmente avec l'amplitude de notre savoir. À la fois, ô merveille, ce monde est connaissable, intelligible... à la fois il nous échappe irrémédiablement, offrant plus à connaître que nous ne pourrons jamais. C'est, en mathématiques, le nombre irrationnel, « pi » ou racine carré de deux. C'est le pouvoir de la raison de démontrer qu'il est des objets qu'elle ne peut pas comprendre: la raison est par elle-même inachevée, elle qui est pourtant le plus grand pouvoir de totalisation que possède l'homme.

La totalité nous est interdite. Le monde n'est pas une sphère, parfaite - sinon surmontée d'une Croix.

*

« La vie humaine est impossible, nous disait Simone Weil, mais seul le malheur nous le fait sentir. » Et le voilà donc, le malheur qui revient, le pire : la religion et l'État conjugués pour écraser la personne humaine. L'extermination filmée à l'aide d'un gadget technologique et au nom de Dieu.

Ne nous indignons pas, ne désespérons pas du Dieu vivant. Oui, ce malheur nous rappelle que la vie humaine est impossible, mais c'est parce que Dieu nous destine à plus qu'elle, si nous le voulons bien. La vie humaine est impossible car seule la vie en Dieu est non seulement possible, mais pleinement réalisée, effective.

Depuis son origine, le monde créé n'était viable qu'à faire perpétuellement l'aveu de son impossibilité, ou plutôt : de sa possibilité suspendue à Dieu, articulée à Dieu. Notre monde n'a bien vécu qu'en tant qu'il vivait sa finitude comme signe en lui de plus que lui. Mais quand il a voulu s'achever, il s'est voué à la mort. Notre monde n'était viable que de savoir lire dans la blessure d'inachèvement (cette blessure qui destine l'homme à son prochain, et la vie à la mort), la trace en creux de Dieu au cœur de sa Création, comme un vide qu'il a laissé pour que nous le cherchions.

Le péché a été non seulement de manger du fruit, c'est-à-dire de ne pas supporter la distance qui interdit à l'homme de se clore sur lui-même, mais que le fruit ainsi dévoré l'ait été de l'arbre «de l'achevé et de l'inachevé» (comme veut le dire le texte hébreu). Le monde, inachevé, fini, est alors devenu un monde infernal, livré indéfiniment aux caprices des hommes. On a voulu, par des moyens strictement humains, guérir ce monde, le résoudre, le planifier - comme sont les parkings, les cubes où l'on habite, comme l'est tout ce qui ne crie pas vers Dieu.

Pourquoi le martyre ? Parce que ce monde est impossible, qu'il l'a toujours été, que nous ne pouvons y vivre qu'en sachant qu'on ne peut pas y demeurer, qu'on ne peut pas y fonder définitivement notre foyer. Les chrétiens sont, par adoption, ceux qui le savent et ne vivent pas l'exil humain comme un scandale, un problème à résoudre : mais comme une croix, et toute croix comme ce qui apporte la vie.

Les chrétiens sont destinés au martyre car leur sang raconte au couteau de ceux même qui le font couler qu'il n'est aucun sacrifice, sauf de Dieu lui-même, qui apportera l'unité, la complétude, le bonheur...

Les nazis ont sacrifié les Juifs à la pureté européenne. Les communistes ont sacrifié au paradis terrestre l'ennemi intérieur (victime protéiforme et sans cesse redésignée). Les chrétiens ont pu parfois sacrifier à la chrétienté nombre d'hommes, dont certains chrétiens. Les islamistes sacrifient des chrétiens en vue d'un empire théologico-juridique. Le chrétien authentique, lui, est le grain de sable dans les rouages sacrificiels et les planifications politiques, qui rappelle que la paix véritable n'est pas une solution au problème de l'homme, mais une grâce accordée par Dieu aux hommes qui l'aiment.

Nous consentirons au martyre parce que telle est notre vocation, à laquelle le Christ nous invite. Mais encore faut-il le savoir, s'en souvenir, afin que ne soient pas confondus martyre et attente passive de la catastrophe.

Ne nous accrochons qu'en Dieu. S'accrocher à ce monde, c'est non pas empoigner du sable (ce monde n'est pas rien, il est l'œuvre de Dieu), mais retenir une terre qui a son centre au-delà d'elle.

Sachons que ce monde est, comme l'on dit parfois de certains enfants désobéissants,

« impossible ». Mais tenons cette autre vérité (qu'on tient du père Charles de Foucauld) : « Jésus est le maître de l'impossible. »

*

D'où une *troisième raison* de regarder en face notre condition de chrétien-martyre.

Le cœur de ce monde, avons-nous dit, bat au-delà de lui : ce cœur l'excentre, le décentre, ouvre en lui une brèche qu'on appelle l'Histoire. Histoire avec un « H » majuscule. Mais cette Histoire n'est en route que d'être la faillite constante et progressive de toutes les tentatives humaines d'éterniser le monde. L'Histoire n'est jamais que la série des claques qui sanctionnent les prétentions politiques à l'autosuffisance. L'Histoire n'avance et ne progresse (car il se pourrait qu'elle progresse, qu'elle gagne en rythme, en profondeur, en intensité) qu'à accroître sans cesse davantage notre déception, qu'à décevoir sans cesse nos espoirs mondains, nous rendant toujours plus blessés, plus fatigués des prétentions humaines, plus prêts à l'essentiel.

Puisque cette Histoire ressemble à l'exode vers un centre que l'homme ne saurait trouver en ce monde, elle s'écrit d'une étrange façon, à l'envers : ce qui y apparaît d'abord comme une défaite est en réalité une victoire, et ce qui y meurt, vraiment, franchement, courageusement, porte par-là la vie qui ne meurt pas.

Voyez en effet : la victoire n'est jamais celle qu'on croit. La Seconde Guerre mondiale : sans Edith Stein, sans Maximilien Kolbe, sans Dietrich Bonhoeffer, sans Etty Hillesum, sans tous ces êtres morts sans témoins, la victoire des alliés n'aurait été rien d'autre que la victoire de la Force sur la Force (le colosse américain, le colosse communiste, contre le colosse de l'Axe). Preuve en est : les communistes libérateurs tueront dix fois plus que le nazisme. L'empire américain, si l'on peut admirer son aptitude à intégrer la contradiction, à se laisser atteindre par les mouvements internes à sa société, aura été, somme toute, un empire. Par ces deux colosses, américain et russe, le mal nazi a été défait. Mais alors, qu'est-ce qui autorise qu'on parle ici de victoire ? Une chose est requise : que ce soit la main de Dieu qui ait écrit cette histoire.

Or Dieu écrit l'Histoire par le bas, de façon mystique. C'est Edith, Etty, Dietrich,

Maximilien, ce sont ceux qui n'ont pas su ce qu'ils faisaient de grand, ce sont eux qui nous permettent d'appeler « victoire » la défaite du nazisme, eux qui ont sauvé le monde européen d'un définitif affaissement. Les gazés, les pendus, les réduits en cendres et en poussière, mais dont les cendres sont d'encens et la poussière encore une prière. On regarde les étoiles : on trouve des héros, et cela compte. Mais Dieu est dans l'égout. L'icône de ces saints est aujourd'hui priée quand les statues des héros prennent la fiente.

Tout cela, déjà, s'était vu au XIXe siècle : l'Église de France multiplie les erreurs politiques, assommée qu'elle est par la Révolution – mais à Lisieux, une petite femme, anonyme, prie, et souffre, et prie. C'est elle l'âme et l'honneur de son siècle. En province et dans le silence, Dieu prépare la spiritualité des siècles qui suivront.

*

Peut-être même que Dieu n'écrit pas l'Histoire. Comment le ferait-il sans en faire un destin ? S'il l'écrivait, serait-elle encore l'aventure, pleine de bruits et de fureur, de la liberté humaine ?

Ce que Dieu écrit, c'est, à l'intérieur de l'Histoire, sa petite histoire, discrète et la plus grande des deux, cette histoire quasi secrète qui se nomme l'Église.

Depuis le Christ, quelque chose arrive lentement : c'est, à travers les âges, tous ceux qui sont témoins du Christ.

L'Église n'est d'aucun camp, ou bien des deux camps, quand la guerre gronde : elle est, dans le choc des États-Titans, l'étincelle qui fait une percée vers Dieu. Individuelle, seule, traçant sa propre route, ayant Jésus pour chemin. Une personne, un être humain, qui vient grandir le Corps du Christ quand tant d'autres, par leur peur et leur haine, donnent le meilleur de leur force à sa flagellation.

La litanie des saints, ce n'est pas une série de mesures, une déclaration des droits inaliénables, une pétition de principes. Ce sont des prénoms, les uns après les autres. C'est, au cœur de l'Histoire, ceux qui répondent à l'appel et transforment l'Histoire en Église.

Ne nous empressons donc pas trop de réussir : l'Histoire véritable a commencé par l'échec de la Croix, dont le succès (la Résurrection) est un non-événement pour l'historien.

Échouons, comme ces hommes qui ont, de leur vivant, presque tout raté mais ont fait de leur échec une manière d'échouer dans les bras du Christ afin de s'incorporer à lui.

*

Le martyre, c'est passer de l'autre côté de la Passion.

Quatrième repère.

Nous lirons plus volontiers dans le bras qui nous tue le doigt du Dieu-amour en sachant que, la plupart du temps, nous sommes de ceux qui passent le Christ à tabac : ce serait une grâce, pour un instant, d'être de l'autre côté de la Passion.

(Personnellement, je suis si souvent de ceux qui crachent au visage du Christ, ou que le Christ souffrant indiffère.)

Cette grâce, nous ne pouvons la provoquer, l'attendre seulement. Et elle vient.

Peut-être.

Ce qui est certain : ma peur de mourir vient de ce que je ne suis pas assez mort.

D'un côté, tant mieux, car la vie est bonne, elle est de Dieu.

Mais pour la recevoir en sa plénitude, cette vie veut que je meure, que je me quitte moi-même pour me laisser dire une joie plus grande que celle humainement espérée.

Les hommes et les femmes consacrés, donnés à Dieu, un jour qui est un jour définitif: ceux-là sont déjà morts. Leur vie éternelle a commencé. Même si c'est encore long (le vieil homme résiste).

Que leur enlèvera la balle ou le couteau, puisqu'ils sont donnés?

Que ne suis-je comme eux?

Gabriel Marcel écrit: «Ma vie, lorsque je la sacrifie, n'est pas "quelque chose" que j'abandonne pour obtenir "autre chose". C'est un tout.»

Me laisserai-je ainsi totaliser? Récapituler?

Parviendrai-je à dire, avec le père Charles de Foucauld: «Pense que tu dois mourir martyr, dépouillé de tout, étendu à terre, méconnaissable, couvert de sang et de blessures, violemment et douloureusement tué, et désire que ce soit ce soir.»

Il fut exaucé, à la lettre. Quand c'est Dieu qu'on demande, on reçoit Dieu. Toujours.

*

Le martyre n'est pas la non-violence.

La non-violence est une stratégie politique, qui contraint la violence à venir au grand jour, qui l'exacerbe pour la dénoncer à la face des peuples civilisés. Il y faut des médias, et un sens aigu des rapports de force.

Être un poids mort dans les bras du gardien de l'ordre, sans se cacher que c'est là, pour lui, une forme de violence subie.

La non-violence a remporté de belles victoires.

Le martyre, c'est la même chose, moins la stratégie, moins l'espoir terrestre d'une victoire.

Le martyre, c'est avoir à ce point désappris le mal qu'on ne le comprend plus. On n'est pas un poids mort: on est une proie facile.

Le martyre du bienheureux Charles de Foucauld n'est pas moins beau d'être resté sans résultat probant. Les Touaregs, n'est-ce pas, ne se sont pas convertis au christianisme. Un ratage de plus. Mais un saint ratage. Un ratage venu d'en haut, venu du Ciel, et qui laisse planer sur nos succès l'ombre d'un doute.

Car il n'est pas donné à tout le monde de tomber comme cela. C'était même le privilège de Jésus de tomber aussi bas, de tomber parfaitement, de tomber en Enfer et d'y semer l'Amour.

*

Henri Pourrat écrit (à propos, d'ailleurs, de Charles de Foucauld) :

> Il y a toujours la croisade. Elle ne se fait plus par l'épée. Elle ne se fera pas par des superforteresses. C'est la croisade quasi silencieuse qui demande des chrétiens exemplaires ; des familles exemplaires... Il sera plus difficile de se laisser tuer sans combattre que de tuer en combattant, plus difficile de se donner dans la solitude morale, en toute gaieté et humilité, que de distribuer à grands horions la civilisation.

Il semblait conclure :

« La croisade de demain sera plus difficile que celle d'hier. »

*

Plus difficile, et par là ayant quelque chance d'avoir pour origine autre chose que notre courte vue et nos initiatives purement humaines : on se rêvait guerrier, on est seulement un ouvrier de la dernière heure.

Et dans sa dernière heure, justement, le paysan qu'était Gustave Thibon écrivait :

> Vos idéals de jadis ont moisi dans la déception. Une tâche sans joie vous appelle. Le monde de vos pensées, de vos affections, de vos œuvres – pauvre chose rapetissée, banale, face jusqu'à l'écœurement !… L'heure insipide sonne et fuit. Non pas l'heure de vos rêves, mais l'heure de la réalité.

Laquelle heure est aussi, précisait-il, « l'heure de l'amour ». De l'amour véritable : non l'amour d'une cause qu'on embrasse (par exemple : défendre la chrétienté), mais l'amour qu'on reçoit à travers la blessure infligée à notre amour-propre. Gustave Thibon poursuit en effet :

> Vous aviez rêvé de l'immolation : voici le moment de vous immoler, dans l'aride silence d'un jour décoloré… Heure féconde entre toutes. Vous reculez, vous attendiez autre chose. Vous attendiez votre croix, Dieu vous envoie la Croix.

*

Le *cinquième repère,* mais nous l'avons déjà évoqué, c'est l'Église elle-même, qui a pour semence le sang des martyrs. « *Semen est sanguis christianorum* » disait Tertullien dans son *Apologeticum* (50, 13).

Le pape François, apprenant le sacrifice de vingt et un coptes égyptiens de Libye, déclare quant à lui :

> Le sang de nos frères chrétiens est un témoignage qui hurle. Qu'ils soient catholiques, orthodoxes, coptes, luthériens, peu importe : ils sont chrétiens ! Et le sang est le même. Donner son sang, c'est témoigner du Christ.

À quoi le pape ajoute cette demande : « s'encourager les uns les autres à aller de l'avant avec cet œcuménisme, l'œcuménisme du sang qui nous encourage ».

Comment entendre ces propos ? Font-ils un pas de côté, comme on fait d'ordinaire dès qu'il s'agit de regarder la réalité en face, en s'exhortant par exemple « à ne pas faire d'amalgame » ? En un sens, oui, le pape fait un pas de côté : de façon tout à fait surprenante, et comme hors sujet, il évoque l'œcuménisme.

S'il n'amalgame pas tous les musulmans à cet acte barbare, il y amalgame en revanche tous les chrétiens.

Et ce pas de côté devient tout à coup le plus sûr moyen d'aller à l'essentiel.

L'essentiel, c'est-à-dire : le Christ et sa Croix. Cette Croix dont le pape n'arrondit aucun angle : ses propos ne sont ni tièdes, ni plats. Au contraire, ils ont l'épaisse chaleur du sang qui vient d'être versé. Aussi, quand il parle d'œcuménisme, n'est-ce pas de cet œcuménisme exotique ou vite fait bien fait. Il s'agit ici d'un « œcuménisme du sang » : les luthériens, les coptes, les orthodoxes, les catholiques sont frères de sang. Non pas au sens ethnique : mais au sens où le sang de ces victimes est celui du Christ lui-même.

Le sang qui coule sous le couteau de l'État islamique rappelle aux disciples de Jésus qu'ils sont de la même veine. Que l'artère qui les irrigue, c'est le Christ. L'humanisme voudrait que la fraternité soit à un niveau « supérieur » : par un gain d'abstraction, on voudrait faire fi des différences entre les actes de foi. Chrétiens, musulmans, juifs, communistes, etc., tous les mêmes. C'est vrai en un sens, mais qui doit être un sens fort, et non pas faible.

En un sens faible, cette identification de tous à tous où chacun doit se confondre à l'autre, entend retrancher à chacun ce qu'il est : si tu n'es plus vraiment juif, et moi plus vraiment chrétien, on peut s'entendre.

En un sens fort, la communauté exprime ceci : le chrétien, parce qu'il sait que son Dieu a rejoint l'humanité tout entière et l'a, dans le Christ, définitivement unifiée (qu'on le veuille ou non), doit accepter de vivre et de mourir pour tout homme. Chacun se nomme son prochain : celui qui s'approche, et quelle que soit l'arme qu'il tient dans ses mains.

Aussi le pape François voit-il dans cette exécution, comme dans celles qui suivirent, un signe d'encouragement : l'œcuménisme de sang est un appel, pour chacun, à appeler les autres chrétiens à aller de l'avant, à annoncer le Christ plus complètement. Témérité ? Ce ne serait en effet que pure velléité si cet encouragement ne se fondait pas, en amont, dans une vérité plus profonde, qui est le cœur battant de la vie de l'Église.

Car l'Église, contrairement à ce qu'on dit aujourd'hui de toutes les religions, ne donne pas du sens à la vie. Elle donne du sang. Véhicule du sang du Christ, elle a charge des canaux par lesquels se déversent les grâces du Sacrifice rédempteur. En un sens, l'Église vit dès ici-bas la réconciliation, tant cherchée par nos contemporains, de l'esprit et de la chair, de l'âme et du corps, enfin : du sens et du sang.

Cette réconciliation du sens qu'on cherche et du sang qu'on donne n'est parfois plus perçue par les chrétiens eux-mêmes : sait-on vraiment que l'Eucharistie est davantage qu'un morceau de pain partagé, puisqu'elle est la répétition non sanglante du sacrifice sanglant ?

Ainsi, ces vingt et un coptes exécutés rappellent aux catholiques que leur religion est plus qu'un acte de foi intellectuel : c'est un acte de vie, par lequel on donne toute sa vie. Ces vingt et un chrétiens exécutés un dimanche invitent parallèlement les luthériens, que le pape mentionne, à reconsidérer le mystère eucharistique, peut-être à se laisser interroger par la ritualité catholique, qui n'a de sens qu'en tant qu'elle a d'abord du corps.

Enfin : L'envoi

« L'abandon, ce premier pas que nous
avons l'intention d'accomplir,
est cependant le dernier
que nous accomplissons. »
Saint Philippe Néri

Décidément, qu'il prenne l'épée ou sa croix, c'est toujours la Croix que le chrétien embrasse. Et c'est grâce à elle qu'il ne peut rien lui arriver que l'Amour.

Je suis prêt : ils peuvent venir.

Je ne suis pas prêt.

Il ne faut pas l'être. Car nous ne sommes pas faits pour la mort, mais pour la vie.

Il ne faut pas être prêt, pour que ce soit Dieu qui, au moment de la rencontre, parle par nous, nous incorpore à lui. Que ce soit lui qui ait le dernier mot de notre vie et le premier de celle qui recommence en lui. Lui seul, et non point nos armes affûtées, nos réparties remâchées, bref cette peur qui sature le silence avec ses bégaiements.

Que ce soit Dieu qui, à cet instant, se révèle avoir été la basse continue de ma vie, le fin murmure qui chantait en elle, quand la paix régnait encore sur le monde.

*

Il est très important de n'être pas prêt.

Dans *Gethsémani,* Charles Péguy décrit la dernière nuit du Christ. Il expose patiemment les préliminaires de ce qui allait se jouer, les préparatifs qu'il fallait au crucifiement de notre Seigneur. Quand le jour s'est levé sur le mont des Oliviers, nous dit Péguy, tout était prêt.

> Le couronnement allait commencer. Le couronnement allait avoir lieu. Tout était prêt. Il n'y avait plus qu'à laisser faire, qu'à laisser aller… Tout était prêt. Pendant des

années et des années l'arbre de la croix, patience végétale, sans miracle avait préparé la dureté de son bois. Un bûcheron avait abattu l'arbre, sans miracle, sans aucun miracle; d'une autre hache, un autre bûcheron avait décortiqué, dépeluré, détaché l'écorce. Sans miracle, sans aucun miracle, par un travail de métier, par un travail normal, professionnel. Dans quelque marais du Jourdain le roseau était poussé, le sceptre de dérision, un roseau était poussé, le roseau unique avait formé, avait poussé sa tige, la tige unique, celle qui ne devait servir qu'une fois, la tige qui un jour, la tige qui une fois, la tige qui devait flageller la face de Dieu; et une épine sans miracle, une sainte épine était poussée dans quelque hallier judéen, dans quelque hallier juif. Une épine noire, une épine vinette, peut-être une simple ronce, une grosse épine de ces pays-là...

Tout était donc prêt.

Tout?

Oui semble-t-il, puisque Péguy pense même à cette chose qui, « dans une chambre du bas, appuyée au troisième paquetage », attendait: « la lance, la lance pour le Flanc ».

Pourtant, il conclut: « Tout était prêt, lui seul, lui seul ne l'était pas. »

Jésus n'était pas prêt: «Si cela est possible, que cette coupe passe loin de moi.»

Jésus ne veut pas que nous soyons prêts: par lui, tout a été fait pour la vie, non pour la mort.

Certes, si le grain ne meurt, il ne porte pas son fruit.

Mais c'est du grain et du fruit dont nous parlons alors, c'est-à-dire de vie, et non de mort.

Il ne faut se préparer qu'au jour qui se lève.

Il ne faut avoir d'accueil que pour la vie qui se donne.

Ou bien: en accueillant la mort, que celle-ci devienne croissance du grain.

En accueillant le bât qui nous blesse, qu'il devienne arbre de vie.

Il ne faut avoir d'accueil que de la vie, ou pour elle: par la joie ou la souffrance, donner un peu plus de champ au Royaume de Dieu.

Remerciements

Je voudrais remercier Marie Girard, qui a accompagné et nourri ce texte. Merci également à ma mère, qui m'a rappelé qu'il n'est pas besoin de tout dire, parce que c'est en silence surtout que la confiance se fait

TABLE

Cet ouvrage a été composé
par Atlant'Communication
au Bernard (Vendée)

Achevé d'imprimer en octobre 2015
sur les presses de Normandie Roto Impression s.a.s.
61250 Lonrai

Imprimé en France
N° d'imprimeur : 1504046
Dépôt légal : octobre 2015